Impressum
Verlag: BABADADA GmbH, Nedderfeld 112 , 22529 Hamburg
Geschäftsführer / Verlagsleitung: Harald Hof
Druck: Books on Demand GmbH, In de Tarpen 42, 22848 Norderstedt

Imprint
Publisher: BABADADA GmbH, Nedderfeld 112 , 22529 Hamburg, Germany
Managing Director / Publishing direction: Harald Hof
Print: Books on Demand GmbH, In de Tarpen 42, 22848 Norderstedt, Germany

School
sekolah

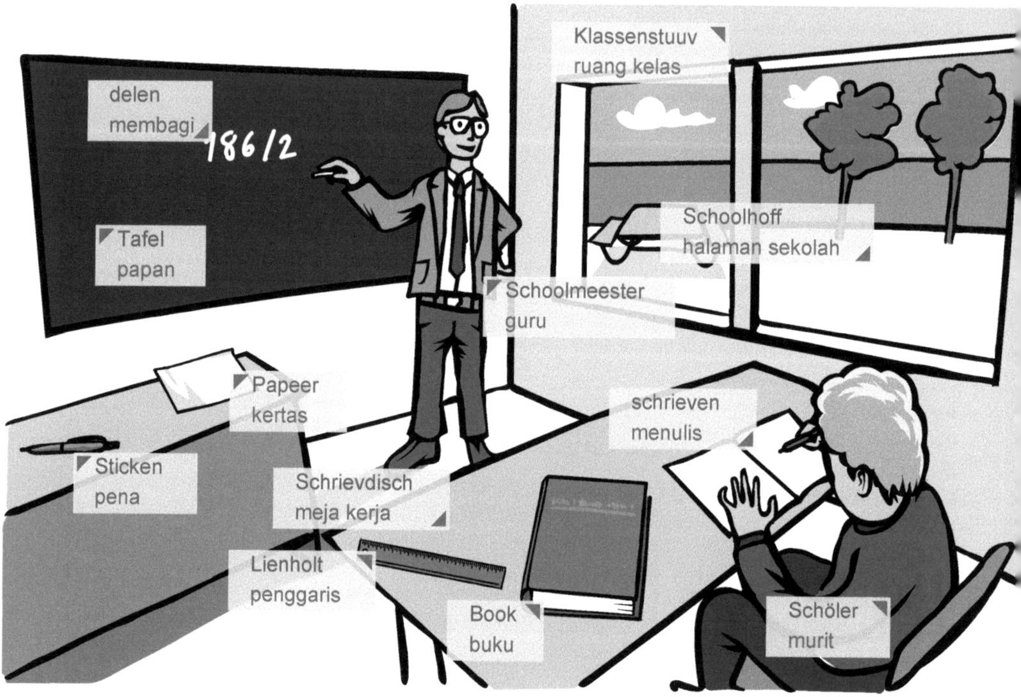

delen
membagi
$186/2$

Tafel
papan

Klassenstuuv
ruang kelas

Schoolhoff
halaman sekolah

Schoolmeester
guru

Papeer
kertas

schrieven
menulis

Sticken
pena

Schrievdisch
meja kerja

Lienholt
penggaris

Book
buku

Schöler
murit

Ranzel

tas sekolah

Feddermapp

tempat pensil

Bleesticken

pensil

Scharpmaker

pengasah pensil

Radeergummi

penghapus

Tekenblock

kertas gambar

Teken

gambar

Pinsel

kuas

Malkassen

kotak cat

Scheer

gunting

Klever

lem

Heft to'n Öven

buku latihan

Huusopgaav

pekerjaan rumah

Tall

angka

tohooptellen

tambhakan

attrecken

mengurangi

malnehmen

mengalikan

reken

menghitung

Bookstaav

huruf

ABC

alfabet

Woort

kata

Text

teks

lesen

membaca

Kried

kapur

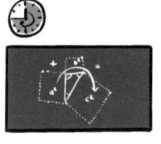

Stunn

pelajaran

Klassenbook

daftar

Pröven

ujian

Tüügnis

sertifikat

Schooluniform

seragam sekolah

Utbillen

pendidikan

Nakieksel

ensiklopedi

Universität

universitas

Mikroskop

mikroskop

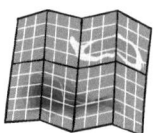

Koort

peta

Papeerkorf

tempat sampah

Hotel
hotel

Grand

Harbarg
hostel

ROOMS

Wesselstuuv
kantor pertukaran mata uang

EXCHANGE
D

Kuffer
koper

Auto
mobil

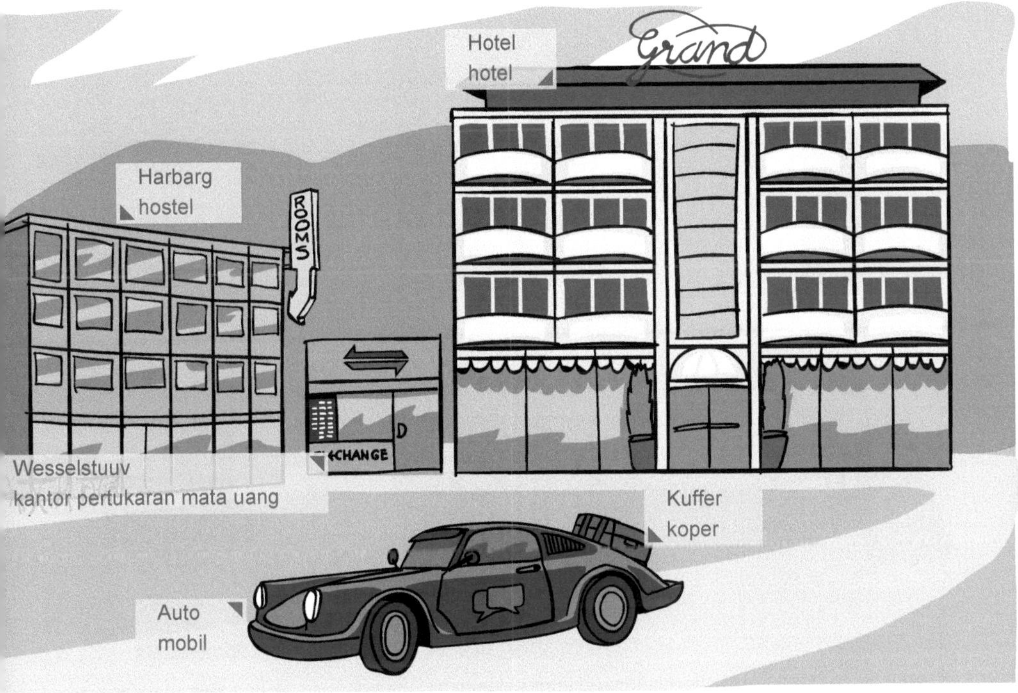

Spraak

bahasa

jo / ne

ya / tidak

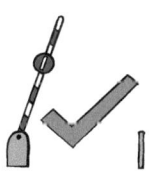

Jo

okay

Moin

hallo

Översetter

penerjemah

Dank ok

terima kasih

Wat kost...?

Berapa harganya...?

Ik verstah nich

saya tidak mengerti

Problem

masalah

Goden Avend

Selamat malam!

Moin!

Selamat siang!

Gode Nacht!

Selamat tidur!

Tschüüs

sampai jumpa

Richt

arah

Bagaasch

bagasi

Tasch

tas

Rüchsack

ransel

Gast

tamu

Stuuv

ruang

Slaapsack

kantong tidur

Telt

tenda

Törn - perjalanan

ouristeninformatschoon

informasi wisata

Strand

pantai

Kreditkoort

kartu kredit

Fröhstück

sarapan

Meddageten

makan siang

Avendeten

makan malam

Fohrkort

tiket

Fohrstohl

elevator

Breefmark

perangko

Grenz

perbatasan

Toll

cukai

Bottschop

kedutaan

Visum

visa

Pass

paspor

Transport
transportasi

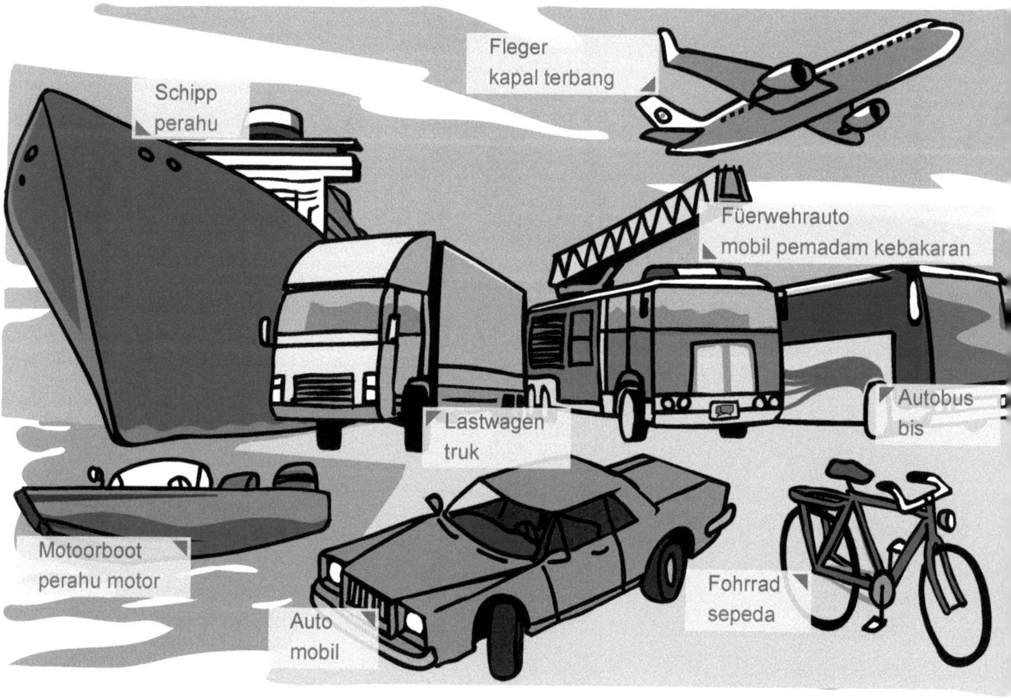

Fleger
kapal terbang
Schipp
perahu
Füerwehrauto
mobil pemadam kebakaran
Autobus
bis
Lastwagen
truk
Motoorboot
perahu motor
Fohrrad
sepeda
Auto
mobil

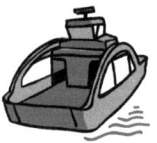

Fähr

feri

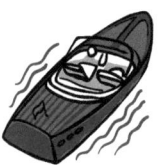

Boot

perahu

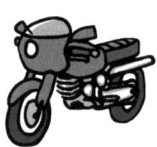

Motoorrad

sepeda motor

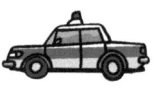

Polizeiauto

mobil polisi

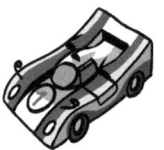

Rönnauto

mobil balapan

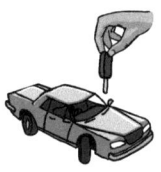

Lehnwagen

mobil sewa

Carsharing

berbagi mobil

Afsleepwagen

truk derek

Müllauto

truk sampah

Motoor

motor

Kraftstoff

bahan bakar

Tanksteed

bensin

Verkehrsschild

tanda lalulintas

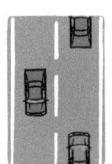

Verkehr

lalulintas

Stau

macet

Afstellplatz

parkir mobil

Bahnhoff

stasiun kereta

Sporen

trek

Tog

kereta api

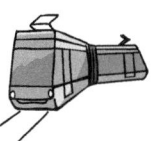

Stratenbahn

tram

Wagon

gerobak

Dwarsmöhl
helikopter

Flooghaven
bendara

Tower
menara

Fohrgast
penumpang

Grootkist
container

Karton
karton

Koor
troli

Korf
keranjang

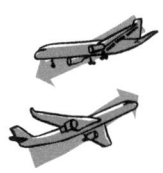

starten / lannen
berangkat / mendarat

Stadt
kota

Dörp
desa

Binnenstadt
pusat kota

Huus
rumah

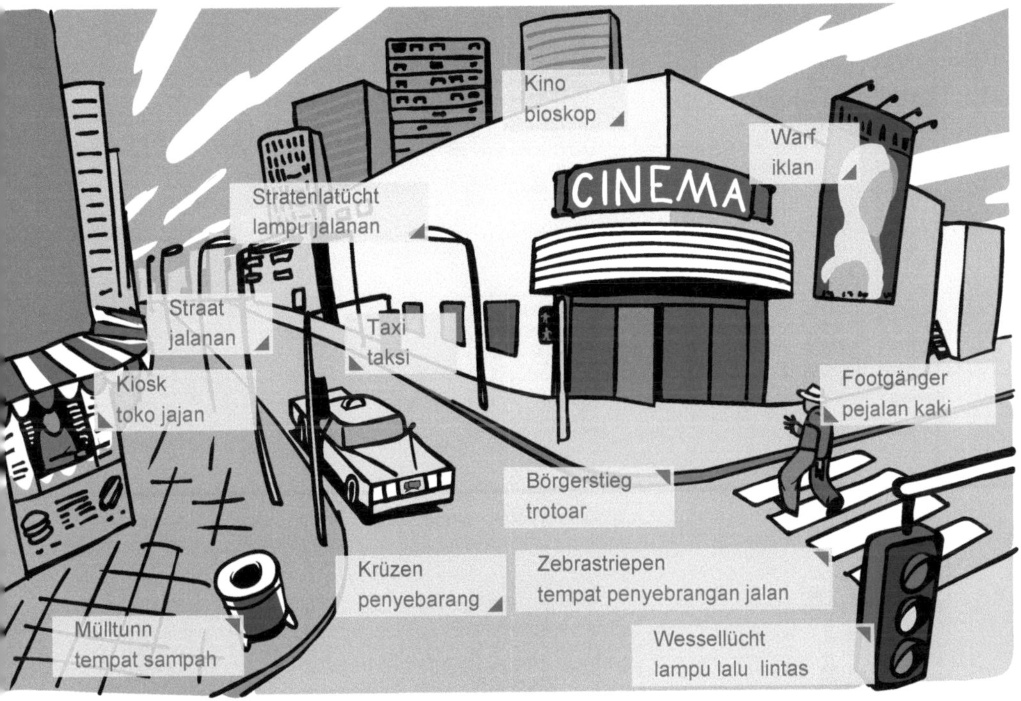

Kino
bioskop

Warf
iklan

Stratenlatücht
lampu jalanan

CINEMA

Straat
jalanan

Taxi
taksi

Kiosk
toko jajan

Footgänger
pejalan kaki

Börgerstieg
trotoar

Krüzen
penyebarang

Zebrastriepen
tempat penyebrangan jalan

Mülltunn
tempat sampah

Wessellücht
lampu lalu lintas

Hütt
gubuk

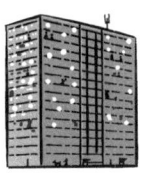

Wahnung
rumah flat

Bahnhoff
stasiun kereta

Raathuus
balai kota

Museum
museum

School
sekolah

Universität

universitas

Bank

bank

Krankenhuus

rumah sakit

Hotel

hotel

Afteek

farmasi

Büro

kantor

Bookhökerie

toko buku

Hökerie

toko

Blomenhökerie

toko bunga

Supermarkt

supermarket

Markt

pasar

Koophuus

toko serba ada

Fischhökerie

nelayan

Inkoopszentrum

pusat belanja

Haven

pelabuhan

Parkanlaag	Bank	Brüch
taman	banku	jembatan

Trepp	Ünnergrundbahn	Tunnel
tangga	kereta bawah tanah	terowongan

Busstoppsteed	Bar	Spieslokal
pemberhantian bis	bar	restauran

Breetkassen	Stratenschild	Parkklock
kotak surat	tanda jalan	meteran parkir

Deertenpark	Baadanstalt	Moschee
kebun binatang	kolam renang	mesjid

Buernhoff

pertanian

Ümweltversmudden

polusi

Karkhoff

kuburan

Kark

gereja

Speelplatz

tempat bermain

Tempel

pura

Landschop
pemandangan

Blatt
daun

Wiespahl
penunjuk arah

Weg
jalanan

Wisch
padang rumput

Steen
batu

Boom
pohon

Wannerer
pejalak kaki

Fluss
sungai

Gras
rumput

Bloom
bunga

Daal

lembah

Barg

bukit

See

danau

Holt

hutan

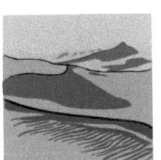

Wööst

padang gurun

Füerspien Barg

gunung berapi

Slott

istana

Regenbagen

pelangi

Poggenstohl

jamur

Palm

pohon palem

Steekmück

nyamuk

Fleeg

lalat

Miegeemk

semut

Imm

lebah

Spinn

laba-laba

Sebber

kumbang

Pogg

kodok

Katteker

tupai

Swienegel

landak

Haas

kelinci

Uul

burung hantu

Vagel

burung

Swaan

angsa

Wildswien

babi jantan

Hirsch

rusa

Elk

rusa

Staudamm

bendungan

Windrad

turbin angin

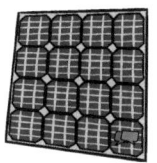

Solarmodul

panel surya

Klima

iklim

Spieslokal
restauran

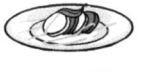

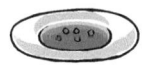

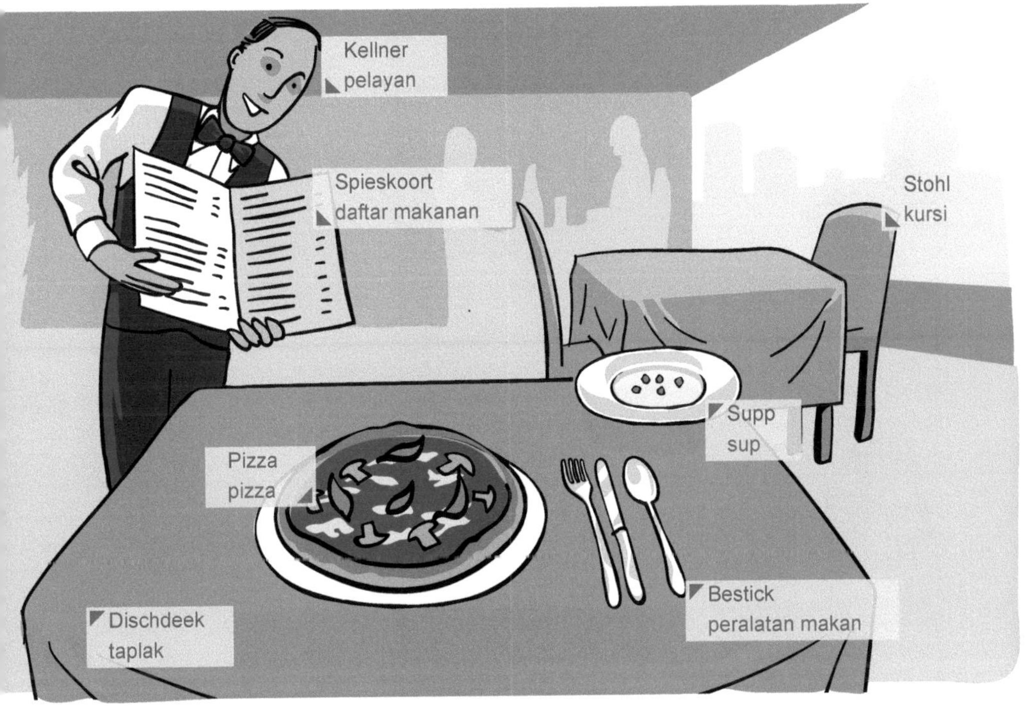

Kellner
pelayan
Spieskoort
daftar makanan
Stohl
kursi
Supp
sup
Pizza
pizza
Bestick
peralatan makan
Dischdeek
taplak

Vörspies

hindangan pembuka

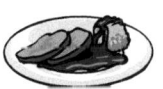

Haupteten

hidangan utama

Nadisch

hidangan penutup

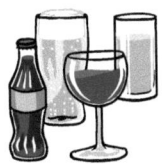

Drünk

minuman

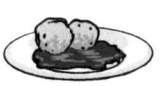

Eten

makanan

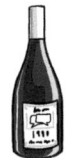

Buddel

botol

Fastfood

fastfood

Strateneten

masakan jalanan

Teekann

teko teh

Zuckerdoos

kaleng gula

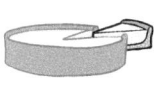

Portschoon

porsi

Espressomaschien

mesin espresso

Hoochstohl

kursi tinggi

Reken

tagihan

Tablett

baki

Mess

pisau

Gavel

garpu

Lepel

sendok

Teelepel

sendok teh

Munddook

serbet

Glas

gelas

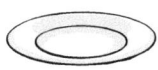

Töller

piring

Suppentöller

piring sup

Ünnertass

lepek

Sooß

saus

Soltstreuer

tempat garam

Pepermöhl

gilingan merica

Etig

cuka

Ööl

minyak

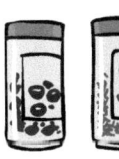

Krüder

bumbu

Ketchup

saus tomat

Mostrich

mustar

Mayonnaise

mayones

Supermarkt
supermarket

Anbott
penawaran khusus
FOR
Kunn
klien
Melkprodukten
produk susu
Aaft
buah
Inkoopswagen
troli

BUTCHERS

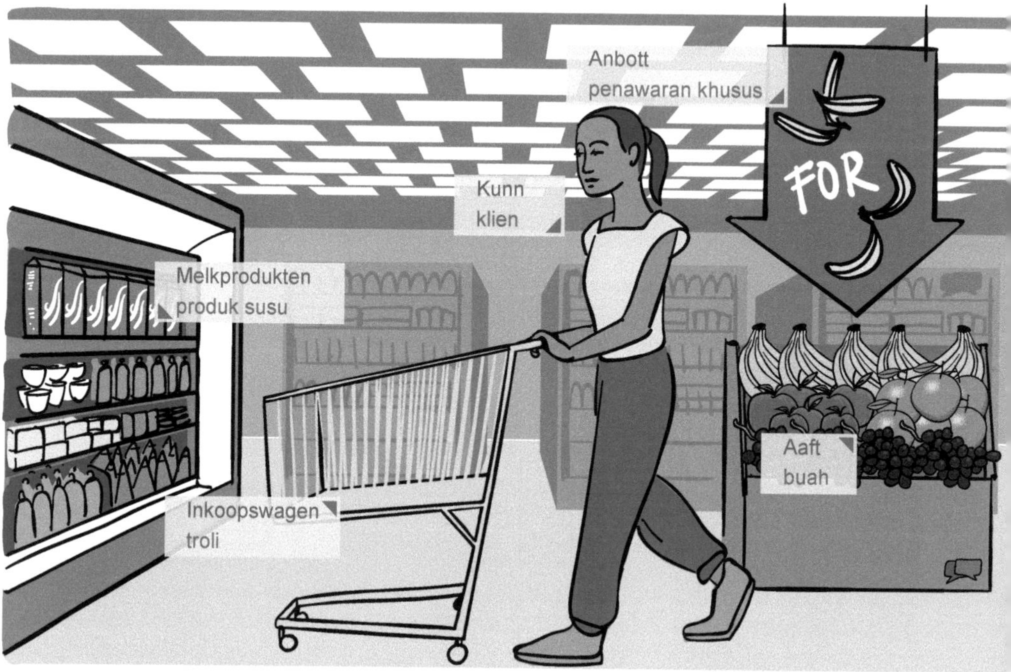

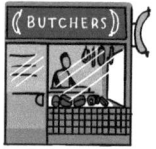

Slachterie

pembantai

BAKERY

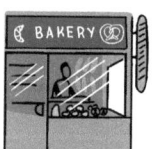

Bäckerie

toko roti

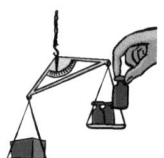

wegen

menimbang

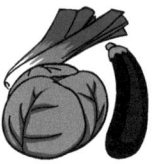

Gröönsaken

sayur

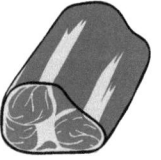

Fleesch

daging

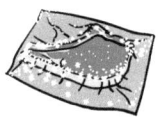

Deepköhlkost

makanan beku

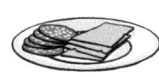

Opsnitt

pemotongan dingin

Konserven

makanan kaleng

Waschmiddel

sabun serbuk

Snoopkraam

permen

Huushooltssaken

alat-alat rumah tangga

Reinmaaktüüch

obat pembersihan

Verköpersche

penjual

Kass

kasa

Kasserer

kasir

Inkoopslist

daftar belanja

Opsparrtieden

jam buka

Breeftasch

dompet

Kreditkoort

kartu kredit

Tasch

tas

Plastiktüüt

kantong plastik

Drünk

minuman

Water
air

Saft
jus

Melk
susu

Cola
cola

Wien
anggur

Beer
bir

Spriet
alkohol

Kakao
coklat

Tee
teh

Koffie
kopi

Espresso
espresso

Cappucino
cappucino

Banaan

pisang

Appel

apel

Appelsien

jeruk

Meloon

semangka

Zitroon

jeruk lemon

Wöttel

wortel

Knuuvlook

bawang putih

Bambus

bambu

Zibbel

bawang bombai

Poggenstohl

jamur

Nööt

kacang

Nudeln

mi

Spaghetti

spagetti

Ries

nasi

Salat

salat

Pommes frites

kentang goreng

Braadkantüffeln

kentang goreng

Pizza

pizza

Hamborger

hamburger

Sandwich

sandwich

Snitzel

sayatan

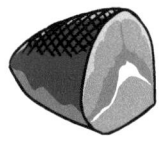

Schinken

ham

Salami

salami

Wust

sosis

Hohn

ayam

Braden

menggoreng

Fisch

ikan

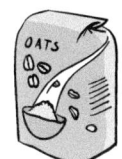

Haverflocken

bubur gandum

Müsli

sereal

Cornflakes

cornflakes

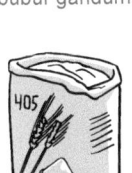

Mehl

tepung

Croissant

croissant

Rundstück

roti

Broot

roti

Toast

toast

Keksen

biskuit

Botter

mentega

Quark

dadih

Koken

kue

Ei

telur

Spegelei

telur goreng

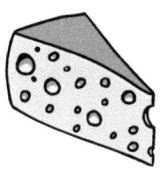

Kees

keju

Eten - makanan

Ies
eskrim

Zucker
gula

Honnig
madu

Marmelaad
selai

Nougat-Creme
krim nugat

Curry
kare

Buernhoff

pertanian

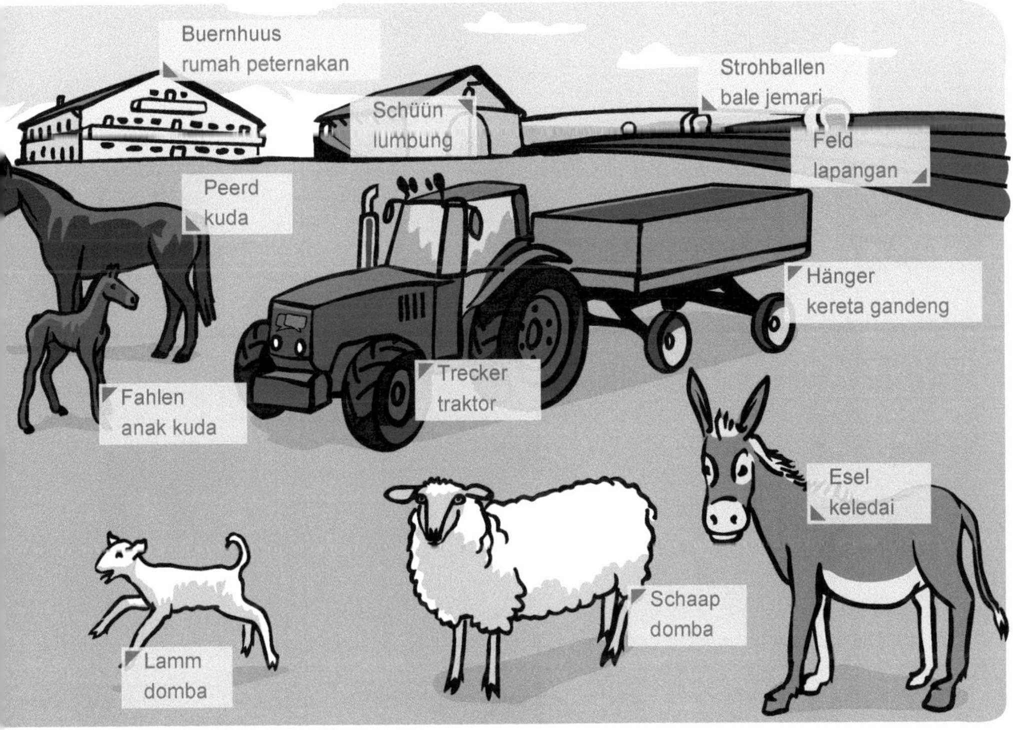
Buernhuus
rumah peternakan
Schüün
lumbung
Strohballen
bale jemari
Feld
lapangan
Peerd
kuda
Hänger
kereta gandeng
Trecker
traktor
Fahlen
anak kuda
Esel
keledai
Schaap
domba
Lamm
domba

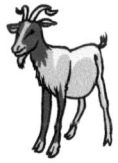

Zeeg
kambing

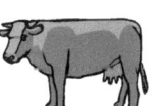

Koh
sapi

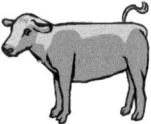

Kalf
betis

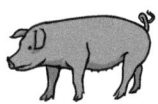

Swien
babi

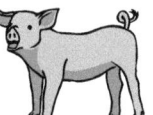

Farken
celeng

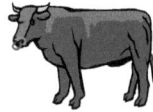

Bull
banteng

Goos

angsa

Aant

bebek

Küken

anak ayam

Hohn

ayam

Hahn

ayam jantan

Rott

tikus

Katt

kucing

Muus

tikus

Oss

lembu

Hund

anjing

Hunnenhütt

rumah anjing

Goornslauch

selang

Geetkann

penyiram

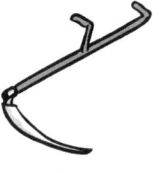

Lee

sabit

Ploog

bajak

Sich

sabit

Hack

cangkul

Mestfork

garpu rumput

Ext

kapak

Schuufkoor

gerobak

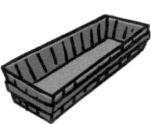

Trog

palung

Melkkann

kaleng susu

Sack

karung

Tuun

pagar

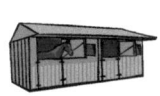

Stall

kandang

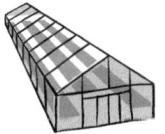

Drievhuus

rumah kaca

Bodden

tanah

Saat

benih

Dünger

pupuk

Meihdöscher

mesin pemanen

oornen
....
panen

Oorn
....
panen

Yamswöttel
....
yams

Weten
....
gandum

Soja
....
kedelai

Kantüffel
....
kentang

Törksche Weten
....
jagung

Rapp
....
lobak

Aaftboom
....
pohon buah

Troopsch Kantüffel
....
singkong

Koorn
....
sereal

Huus
rumah

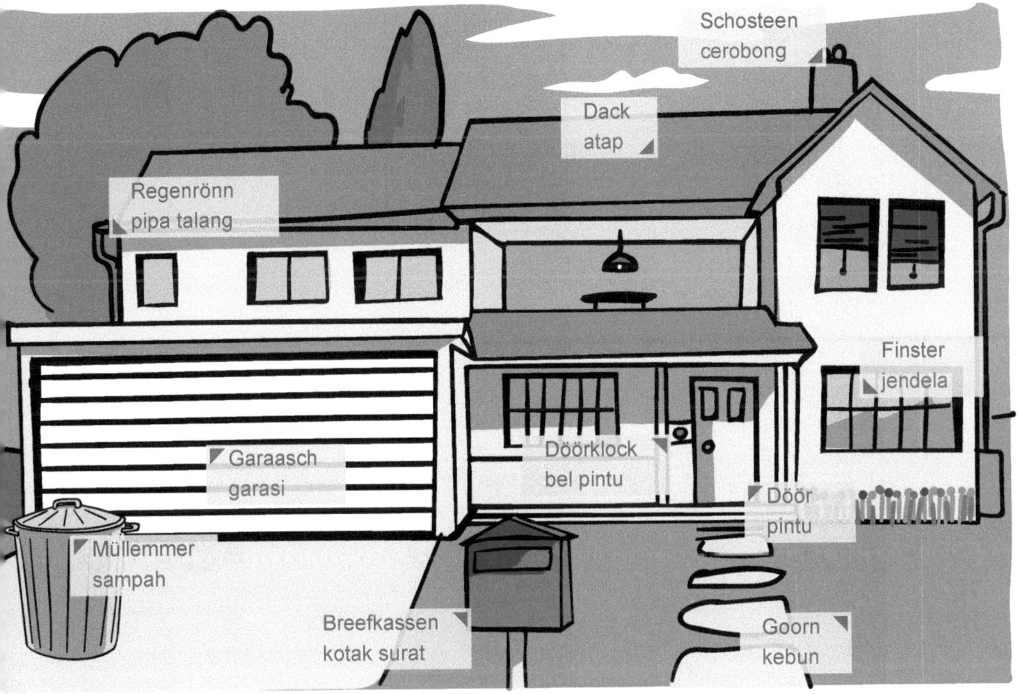
Schosteen
cerobong
Dack
atap
Regenrönn
pipa talang
Finster
jendela
Garaasch
garasi
Döörklock
bel pintu
Döör
pintu
Müllemmer
sampah
Breefkassen
kotak surat
Goorn
kebun

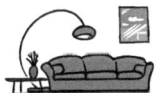

Wahnstuuv
....
ruang tamu

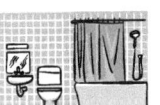

Baadstuuv
....
kamar mandi

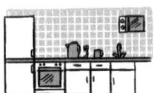

Kööк
....
dapur

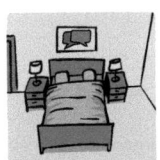

Slaapstuuv
....
kamar tidur

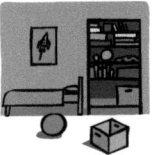

Kinnerstuuv
....
kamar anak

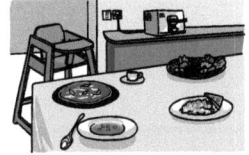

Eetstuuv
....
kamar makan

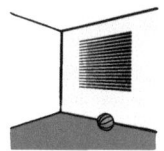

Footbodden
lantai

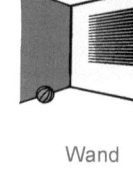

Wand
tembok

Deek
atap

Keller
gudang di bawah tanah

Hittluftbad
sauna

Balkon
balkon

Terrass
teras

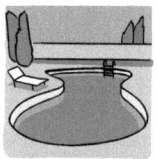

Swümmbad
kolam renang

Rasenmeiher
mesin pemotong rumput

Bettbetog
sprei

Bettdeek
selimut

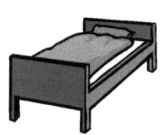

Puuch
tempat tidur

Bessen
sapu

Emmer
ember

Schalter
tombol

Wahnstuuv

ruang tamu

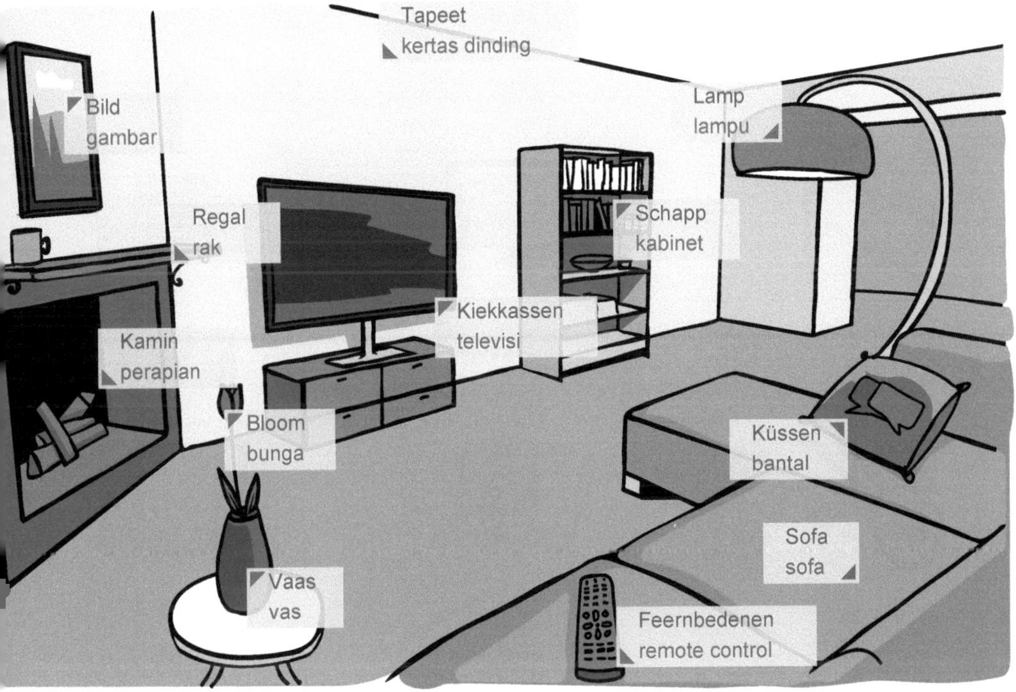
Tapeet
kertas dinding
Bild
gambar
Lamp
lampu
Regal
rak
Schapp
kabinet
Kiekkassen
televisi
Kamin
perapian
Bloom
bunga
Küssen
bantal
Sofa
sofa
Vaas
vas
Feernbedenen
remote control

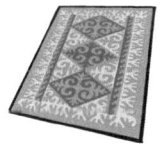

Teppich

karpet

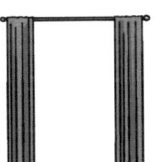

Vörhang

korden

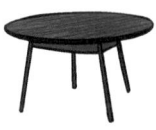

Disch

meja

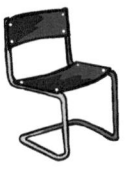

Stohl

kursi

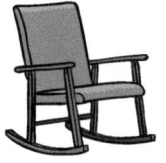

Schuckelstohl

kursi goyang

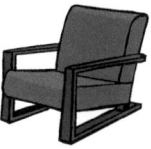

Sessel

kursi malas

Book

buku

Deek

selimut

Dekoratschoon

dekorasi

Füerholt

kayu bakar

Film

filem

Stereoanlaag

hi-fi

Slötel

kunci

Narichtenblatt

koran

Gemälde

lukisan

Poster

poster

Radio

radio

Opschrievblock

buku tulis

Huulbessen

penyedot debu

Kaktus

kaktus

Kars

lilin

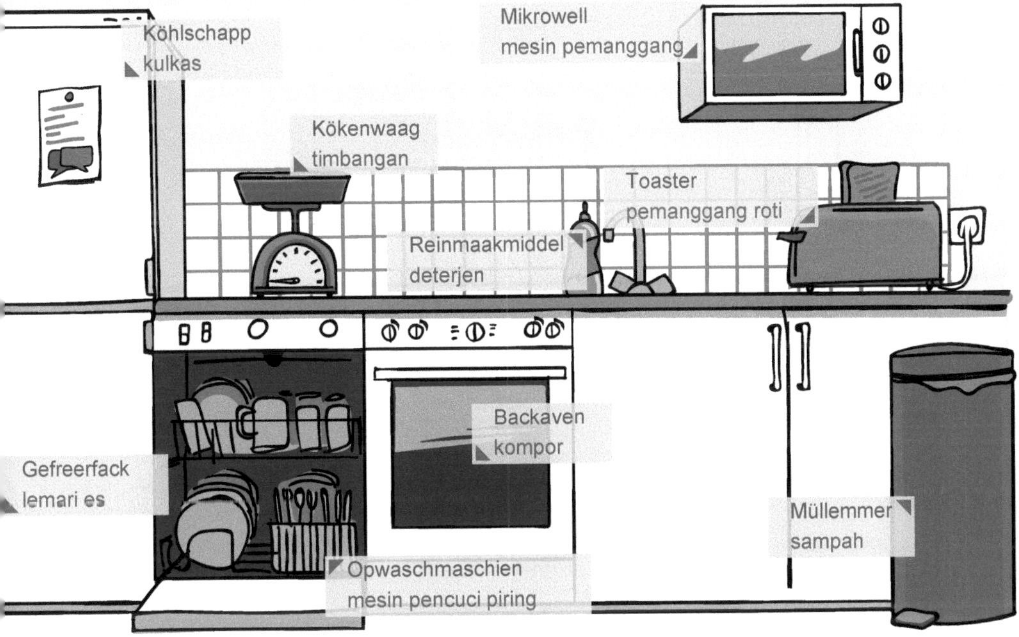

Köhlschapp
kulkas

Mikrowell
mesin pemanggang

Kökenwaag
timbangan

Toaster
pemanggang roti

Reinmaakmiddel
deterjen

Gefreerfack
lemari es

Backaven
kompor

Müllemmer
sampah

Opwaschmaschien
mesin pencuci piring

Heerd
....
kompor

Pott
....
panci

Gussiesern Putt
....
panci besi

Wok / Kadai
....
wajan

Pann
....
panci

Waterkaker
....
pemanas air

Dampkaakputt

panci pengukus makanan

Backblick

nampan

Geschirr

piring

Beker

cangkir

Schaal

mangkok

Eetsticken

sumpit

Suppenkell

sendok sup

Pannenwenner

sudip

Sneebessen

mengocok

Kaakseef

saringan

Seef

saringan

Riev

parutan

Mörser

mortir

Grill

barbeque

Füerstell

api terbuka

Sniedbrett

papan memotong

Nudelholt

gilingan

Proppentrecker

alat pembuka botol

Doos

kaleng

Dosenaapner

pembuka kaleng

Pottlappen

pegangan panci

Waschbecken

wastafel

Böst

sikat

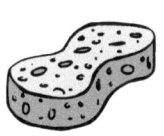

Swamm

busa

Mixer

mesin pencampur

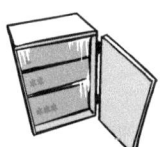

lesschapp

lemari es

Nuckelbuddel

botol bayi

Waterhahn

keran

Köök - dapur

Baadstuuv
kamar mandi

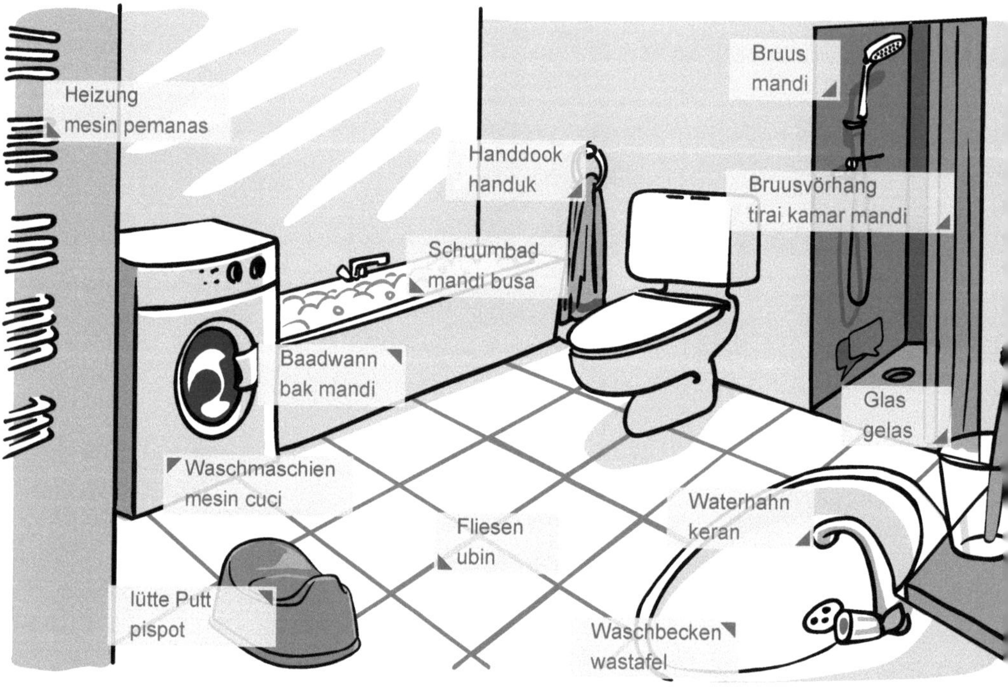

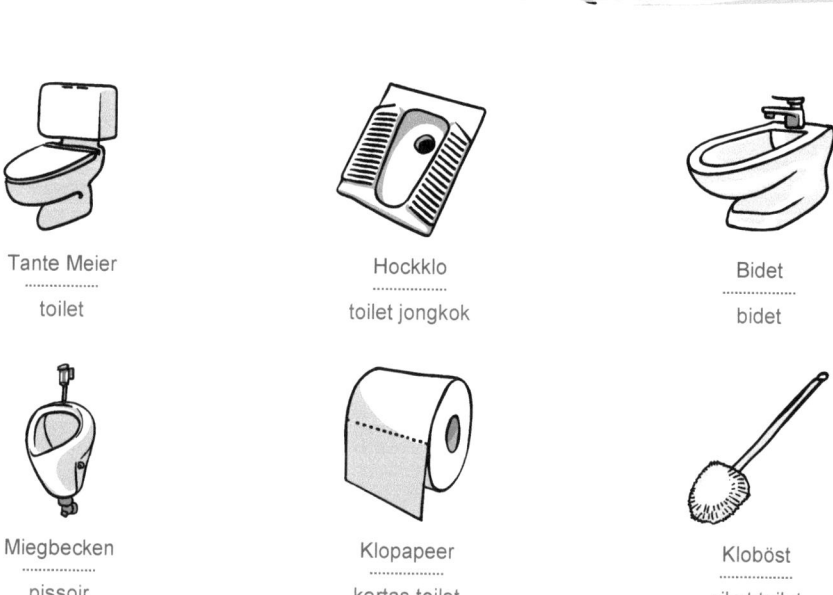

Heizung
mesin pemanas

Handdook
handuk

Schuumbad
mandi busa

Baadwann
bak mandi

Waschmaschien
mesin cuci

lütte Putt
pispot

Fliesen
ubin

Bruus
mandi

Bruusvörhang
tirai kamar mandi

Glas
gelas

Waterhahn
keran

Waschbecken
wastafel

Tante Meier	Hockklo	Bidet
toilet	toilet jongkok	bidet
Miegbecken	Klopapeer	Kloböst
pissoir	kertas toilet	sikat toilet

Tähnböst

sikat gigi

Tähnpast

pasta gigi

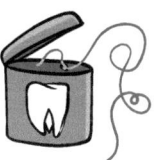

Tähnsied

benang gigi

waschen

menyuci

Handbruus

pancuran tangan

Intimbruus

pancuran

Waschschöttel

bak

Rüchböst

sikat punggung

Seep

sabun

Bruusgeel

gel mandi

Hoorwaschmiddel

sampo

Waschlappen

planel

Afloop

kuras

Creme

krim

Deodorant

deodoran

Spegel

kaca

Kosmetikspegel

cermin tangan

Raserer

pisau cukur

Raseerschuum

busa cukur

Raseerwater

aftershave

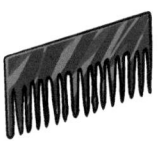

Kamm

sisir

Böst

sikat

Hoordröger

alat pengering rambut

Hoorspray

semprot rambut

Smink

makeup

Lippensticken

lipstik

Nagellack

cat kuku

Watt

kapas

Nagelscheer

gunting kuku

Rüükwater

minyak wangi

Kulturbüdel

kantong pencuci

Schemel

bangku

Waag

timbangan

Baadmantel

mantel mandi

Gummihanschen

sarung tangan karet

Tampon

tampon

Damenbinn

handuk pembalut

Chemieklo

toilet kimia

Kinnerstuuv

kamar anak

Wecker
jam alarm
Knudeldeert
boneka tidur
Speeltüüchauto
mobil-mobilan
Klöter
kelintung
Poppenhuus
rumah boneka
Geschenk
kado

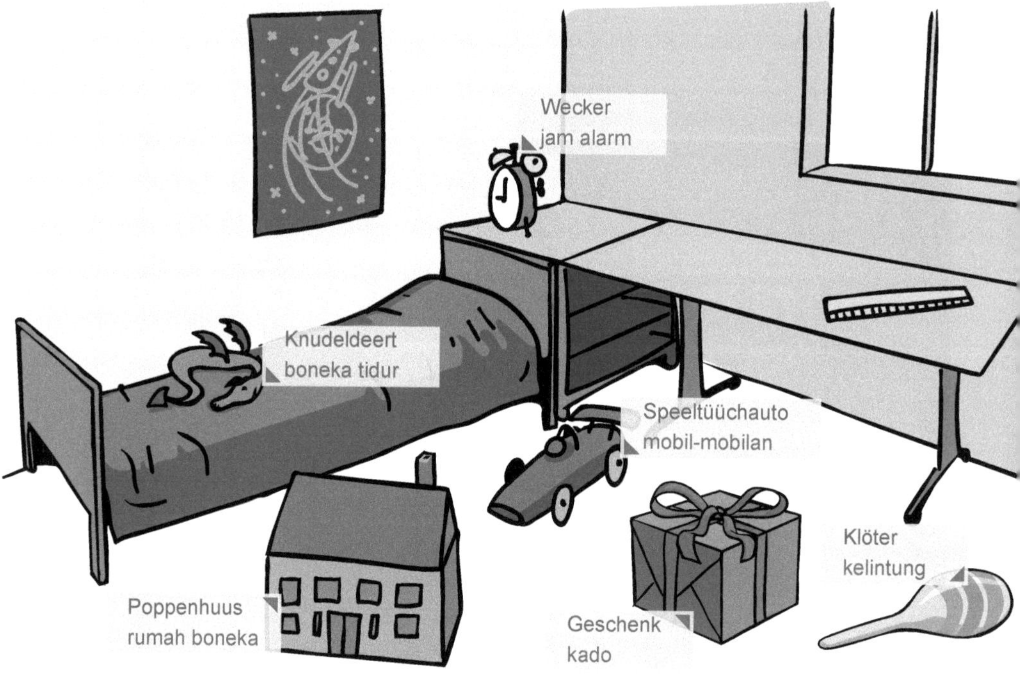

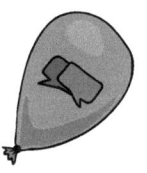

Luftballon

balon

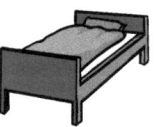

Puuch

tempat tidur

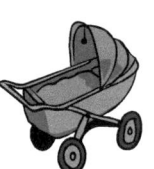

Kinnerwagen

kereta bayi

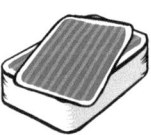

Koortenspeel

mainan kartu

Puzzle

teka-teki

SUPER MEGA

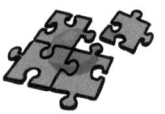

Billergeschicht

komik

Legostenen

mainan lego

Bustenen

blok mainan

Action-Figur

figur aksi

Strampelantog

baju monyet

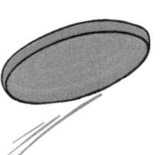

Frisbeeschiev

frisbee

Mobile

mobile

Brettspeel

permainan papan

Wörpel

dadu

Modelliesenbahn

set model kreta api

Snuller

dot

Party

pesta

Billerbook

buku gambar

Ball

bola

Popp

boneka

spelen

bermain

Sandkassen

tempat main pasir

Schuckel

ayunan

Speeltüüch

mainan

Speelkonsool

video game konsol

Dreerad

sepeda roda tiga

Teddyboor

teddy

Klederschapp

lemari pakaian

Tüüch

pakaian

Socken

kaos kaki

Strümp

kaos kaki

Strumpbüx

baju ketat

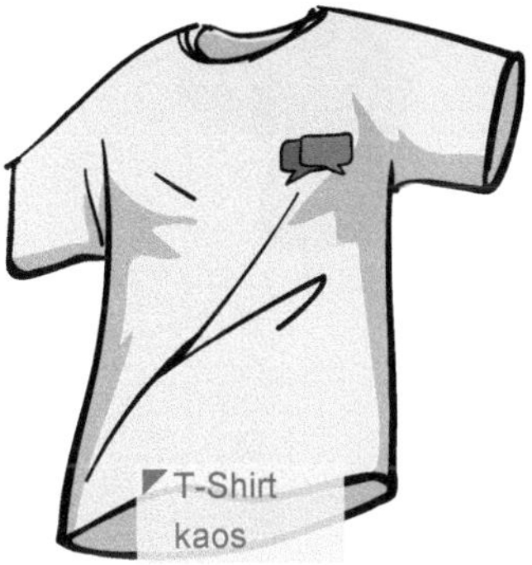

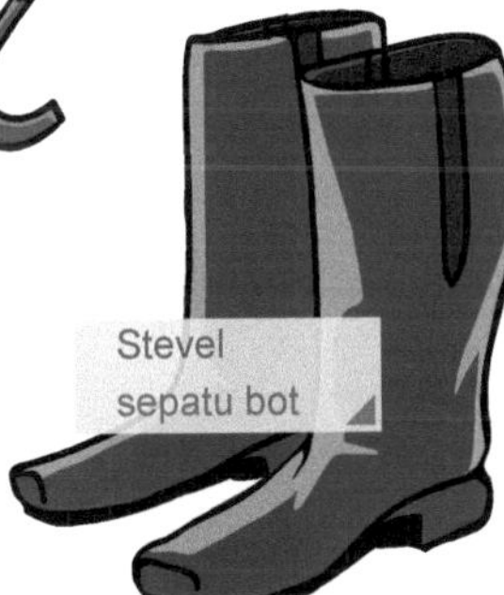

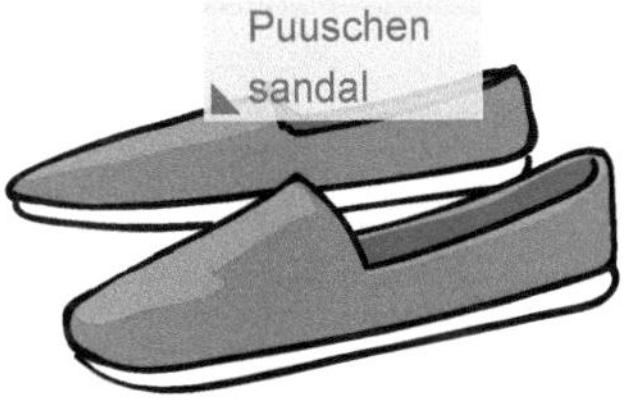

Halsdook
syal

Liefreem
sabuk

Paraplü
payung

T-Shirt
kaos

Stevel
sepatu bot

Puuschen
sandal

Turnschoh
sepatu

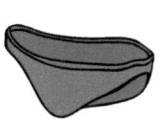

Sandalen
sandal

Schoh
sepatu

Gummistevel
sepatu bot karet

Ünnerbüx
celana dalam

Bostholler
BH

Ünnerhemd
baju rompi

Lief

body

Büx

celana

Jeansnüx

jeans

Rock

rok

Bluus

blus

Hemd

kemeja

Pullover

aket berkerudung

Kapuzenpullover

sweater

Blazer

jaket

Jack

jaket

Mantel

mantel

Övertrecker

jas hujan

Kostüm

kostum

Kleed

gaun

Hochtietskleed

gaun pengantin

Antog

setelan resmi

Nachtkleed

gaun tidur

Slaapantog

piyama

Sari

sari

Koppdook

jilbab

Turban

turban

Burka

burka

Kaftan

kaftan

Abaya

abaya

Baadantog

pakaian renang

Baadbüx

celana renang

Korte Büx

celana pendek

Antog to'n Öven

olah raga

Schört

celemek

Handschoh

sarung tangan

Knopp

kancing

Brill

kacamata

Armband

gelang

Halskeed

kalung

Ring

cincin

Ohrbummel

anting

Mütz

topi

Klederbögel

gantungan mantel

Hoot

topi

Binner

dasi

Rietslüter

ritsleting

Helm

helm

Drachtband

tali selempang

Schooluniform

seragam sekolah

Uniform

seragam

Severböten
....
oto

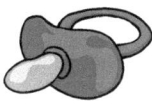

Snuller
....
dot

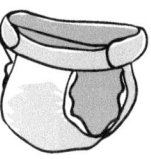

Winnel
....
popok

Büro
kantor

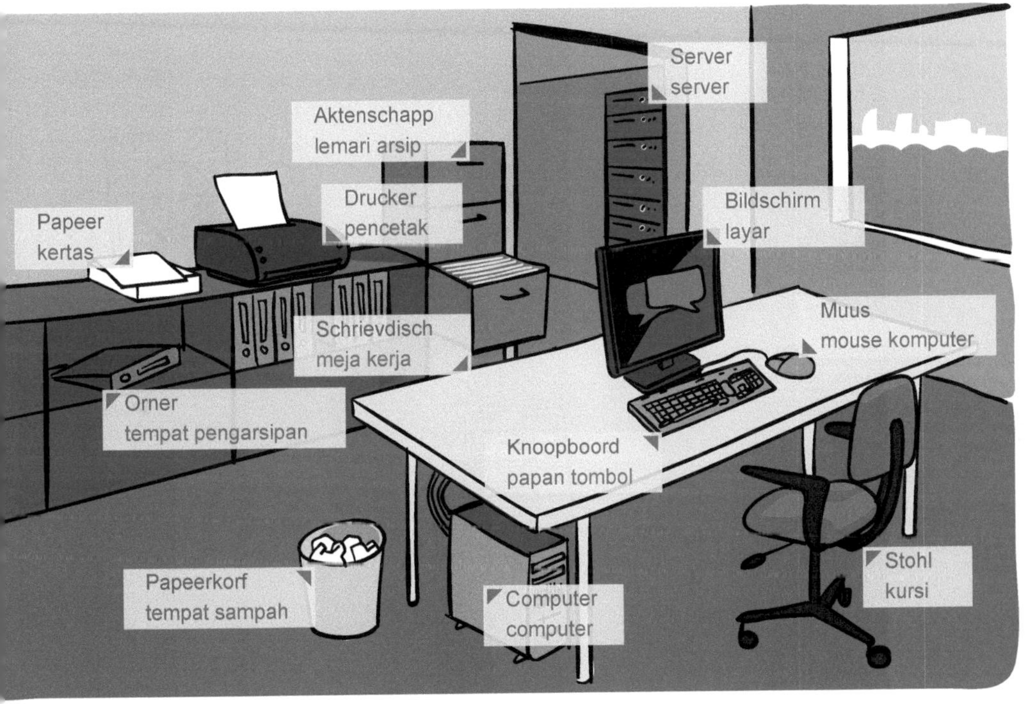

Server
server

Aktenschapp
lemari arsip

Drucker
pencetak

Bildschirm
layar

Papeer
kertas

Schrievdisch
meja kerja

Muus
mouse komputer

Orner
tempat pengarsipan

Knoopboord
papan tombol

Papeerkorf
tempat sampah

Stohl
kursi

Computer
computer

Koffiebeker
....
cangkir kopi

Taschenreekner
....
kalkulator

Internet
....
internet

Büro - kantor

Klappreekner

laptop

Breef

surat

Naricht

pesan

Ackersnacker

telepon seluler

Nettwark

jaringan

Kopeerapparat

fotokopi

Software

software

Klöönkassen

telepon

Steekdoos

plug soket

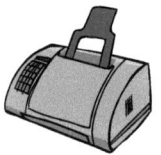

Faxapparat

mesin fax

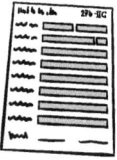

Formulor

formulir

Dokument

dokumen

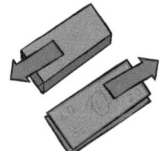

köpen

membeli

betahlen

membayar

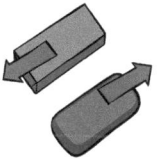

hanneln

berdagang

Geld

uang

Dollar

Dollar

Euro

Euro

Yen

Yen

Ruvel

Rubel

Swiezer Franken

Franc Swiss

Renminbi Yuan

Renminbi Yuan

Rupie

Rupiah

Geldautomat

ATM

Wesselstuuv

kantor pertukaran mata uang

Gold

emas

Sülver

perak

Ööl

minyak

Energie

energi

Pries

harga

Verdrag

kontrak

Stüer

pajak

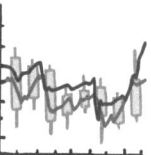

Andeelschien

saham

arbeiden

bekerja

Anstellte

karyawan

Arbeitgever

majikan

Fabrik

pabrik

Hökerie

toko

Profeschonen
pekerjaan

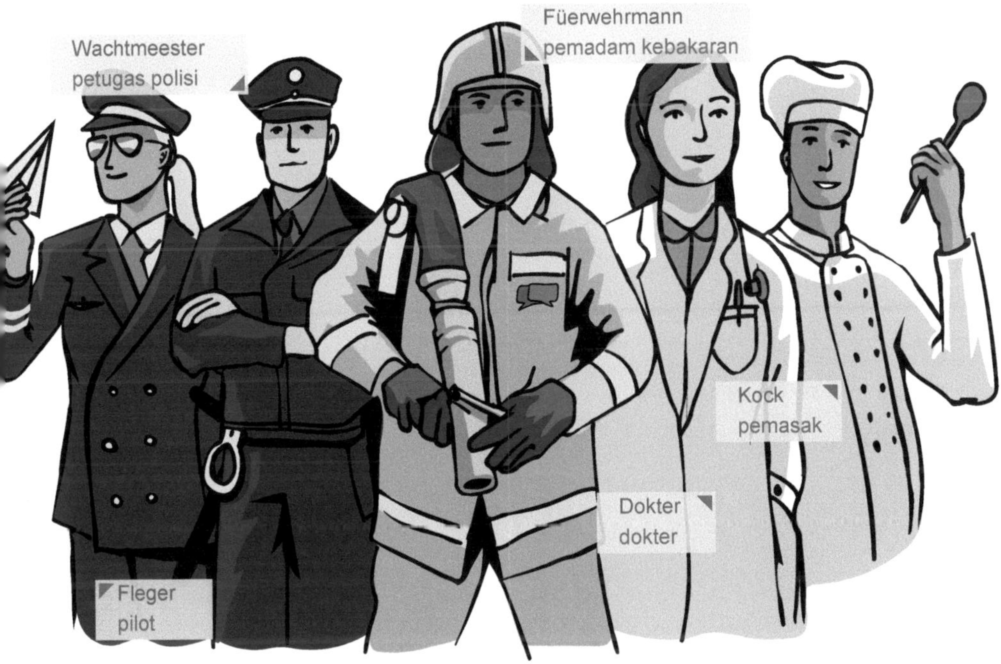

Wachtmeester
petugas polisi
Füerwehrmann
pemadam kebakaran
Kock
pemasak
Dokter
dokter
Fleger
pilot

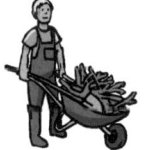

Goorner

tukan kebun

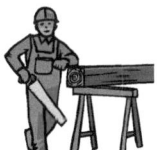

Discher

tukang kayu

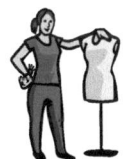

Neihersche

penjahit wanita

Richter

hakim

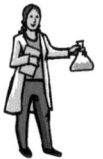

Chemiker

ahli kimia

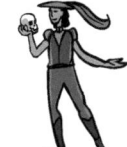

Schauspeler

aktor

Busfohrer

sopir bis

Taxifohrer

sopir taksi

Fischer

nelayan

Reinmaakfru

pembantu

Dackdecker

tukang atap

Kellner

pelayan

Jäger

pemburu

Maler

pelukis

Bäcker

tukang roti

Elektriker

tukang listrik

Buarbeider

pembangun

Ingenieur

insinyur

Slachter

tukang daging

Klempner

tukang ledeng

Postbüdel

tukang pos

Suldat

tentara

Architekt

arsitek

Kasserer

kasir

Florist

penjual bunga

Putzbüdel

penata rambut

Schaffner

konduktor

Mechaniker

montir

Kaptein

kapten

Tähndokter

dokter gigi

Wetenschopler

ilmuwan

Rabbi

rabbi

Imam

imam

Mönk

biarawan

Paap

pendeta

Warktüüch

alat

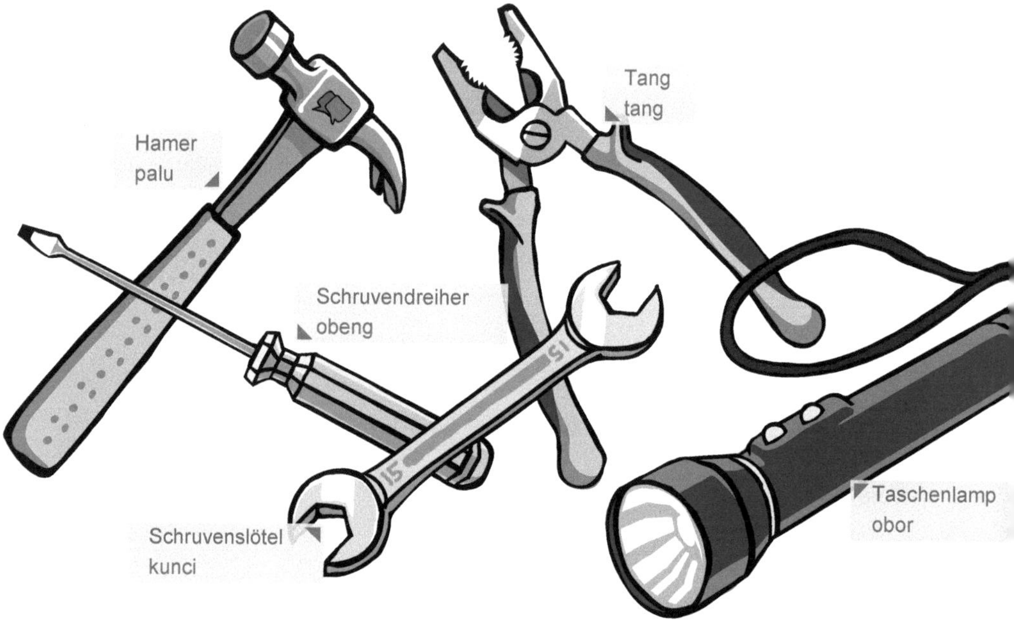

Hamer
palu
Tang
tang
Schruvendreiher
obeng
Schruvenslötel
kunci
Taschenlamp
obor

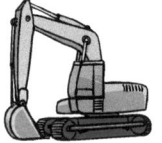

Grieper
penggali

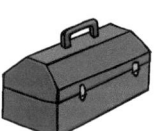

Warktüüchkassen
tas perkakas

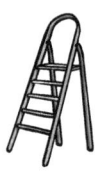

Ledder
tangga

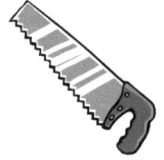

Saag
gergaji

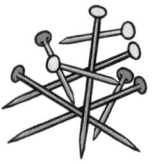

Nagels
paku

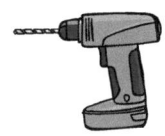

Bohrer
bor

heelmaken
perbaikan

Schüffel
sekop

Schiet!
Sialan!

Kehrblick
cikrak

Farvpott
pot cat

Schruven
sekrup

Musikinstrumenten
alat musik

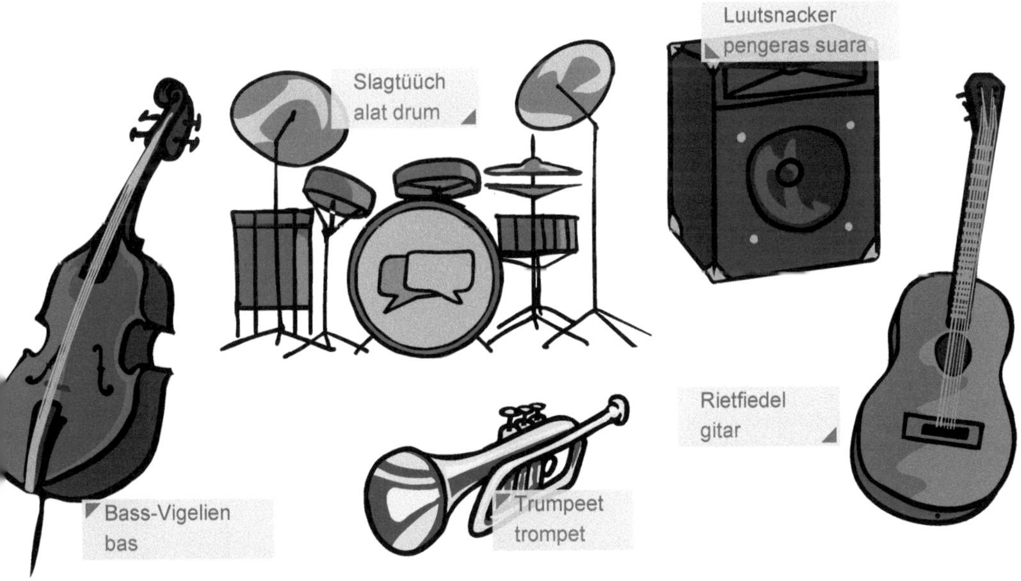

Luutsnacker
pengeras suara

Slagtüüch
alat drum

Rietfiedel
gitar

Bass-Vigelien
bas

Trumpeet
trompet

Klaveer	Vigelien	Bass
piano	violin	bass

Pauk	Trummeln	Keyboard
tambur	drum	keyboard

Saxophon	Fleut	Mikrofoon
saksofon	suling	mikrofon

Deertenpark
kebun binatang

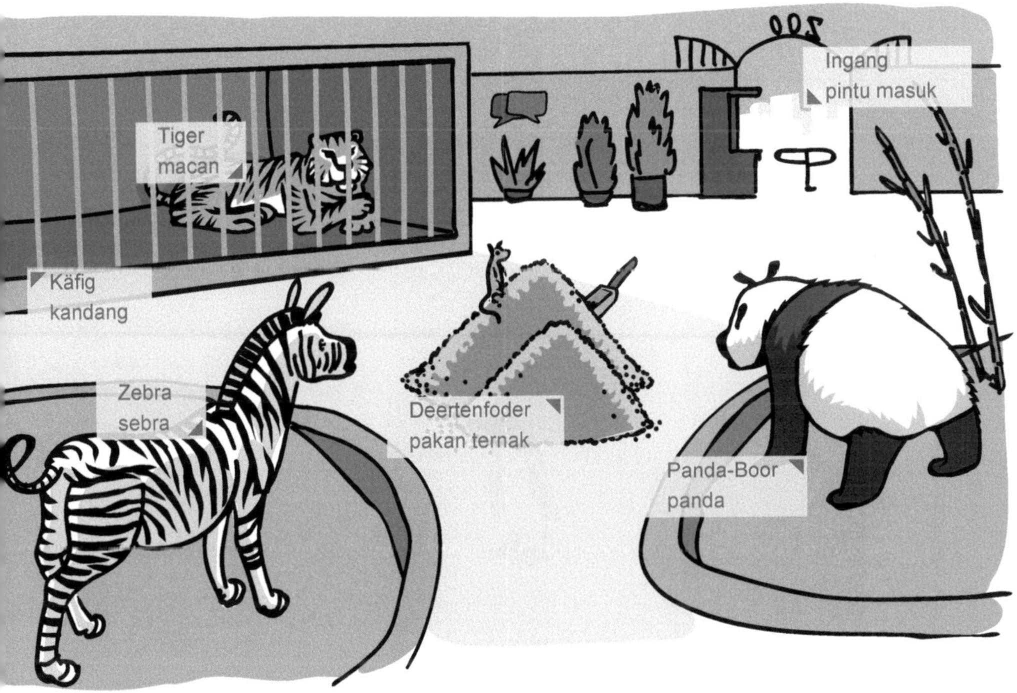
zoo
Ingang
pintu masuk
Tiger
macan
Käfig
kandang
Zebra
sebra
Deertenfoder
pakan ternak
Panda-Boor
panda

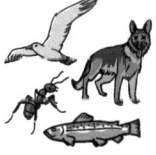

Deerten
hewan

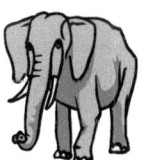

Elefant
gajah

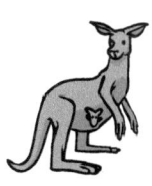

Känguru
kanguru

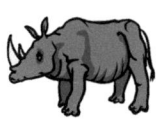

Neeshoorn
badak

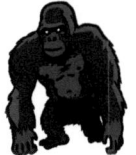

Gorilla
gorila

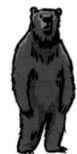

Boor
beruang

Kameel

unta

Struuß

burung unta

Lööv

singa

Aap

monyet

Flamingo

flamingo

Papagoi

burung beo

Iesboor

beruang polar

Pinguin

penguin

Haifisch

hiu

Pageluun

merak

Slang

ular

Krokodil

buaya

Oppasser in'n Deertenpark

penjaga kebun binatang

Saalhund

segel

Jaguor

jaguar

Pony

kuda poni

Leopard

macan tutul

Nilpeerd

kuda nil

Giraff

jerapah

Aadler

burung elang

Wildswien

babi jantan

Fisch

ikan

Schildkrööt

kura-kura

Walross

anjing laut

Voss

rubah

Gazell

kijang

Amerikaansch Football
american football

Radfohren
naik sepeda

Tennis
tennis

Korfball
basketbal

Swümmen
bernang

Boxen
tinju

Ieshockey
hoki es

Football
sepak bola

Fedderball
badminton

Leichtathletik
atletik

Handball
bola tangan

Skilopen
main ski

Polo
polo

Aktivitäten
aktivitas

springen
meloncat
ümarmen
memeluk
lachen
ketawa
gahn
berjalan
singen
menyanyi
drömen
mengimpi
beden
berdoa
snuteln
mencium

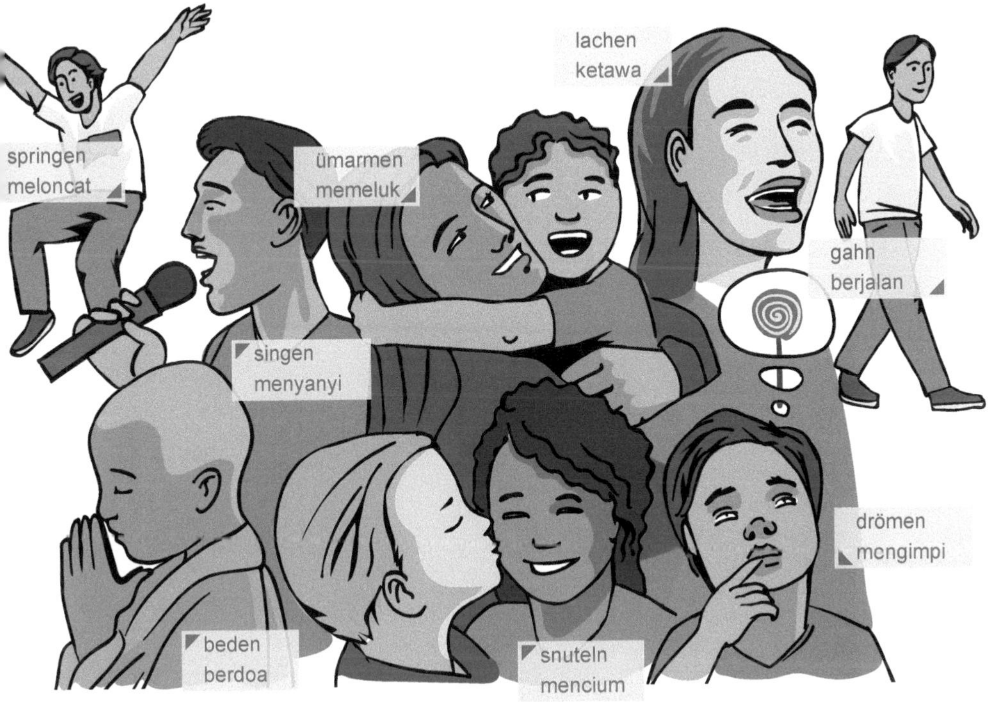

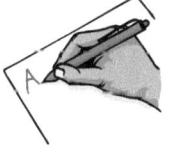

schrieven
menulis

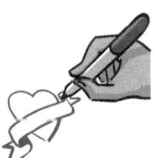

teken
melukis

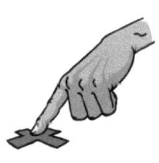

wiesen
menunjuk

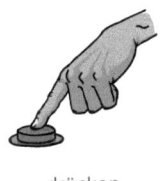

drücken
mendorong

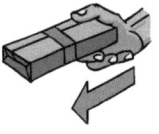

geven
memberikan

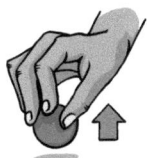

nehmen
mengambil

hebben
....
mempunyai

doon
....
melakukan

sien
....
adalah

stahn
....
berdiri

lopen
....
berlari

trecken
....
menarik

smieten
....
melempar

fallen
....
jatuh

liggen
....
tidur

töven
....
menunggu

dregen
....
membawa

sitten
....
duduk

antrecken
....
berpakaian

slapen
....
tidur

opwaken
....
bangun

ankieken

melihat

wenen

menangis

eien

mengelus

kämmen

menyisir

snacken

berbicara

verstahn

mengerti

fragen

menanyak

hören

mendengar

drinken

minum

eten

makan

oprümen

merapikan

leefhebben

cinta

kaken

memasak

fohren

menyetir

flegen

terbang

Aktivitäten - aktivitas

65

segeln

berlayar

reken

menghitung

lesen

membaca

lehren

belajar

arbeiden

bekerja

de Plünnen tohoopsmieten

menikah

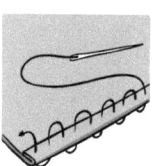

neihen

menjahit

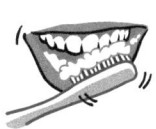

Tähnen putzen

sikat gigi

dootmaken

membunuh

smöken

merokok

schicken

kirim

Grootmoder
nenek

Grootvadder
kakek

Vadder
bapak

Moder
ibu

Winnelkind
bayi

Dochter
putri

Söhn
putra

Gast

tamu

Tant

bibi

Unkel

paman

Broder

kakak laki

Süster

kakak perempuan

Lief

badan

Vörkopp
dahi
Oog
mata
Schuller
bahu
Finger
jari
Gesicht
muka
Kinn
dagu
Hand
tangan
Bost
payudara
Been
kaki
Arm
lengan

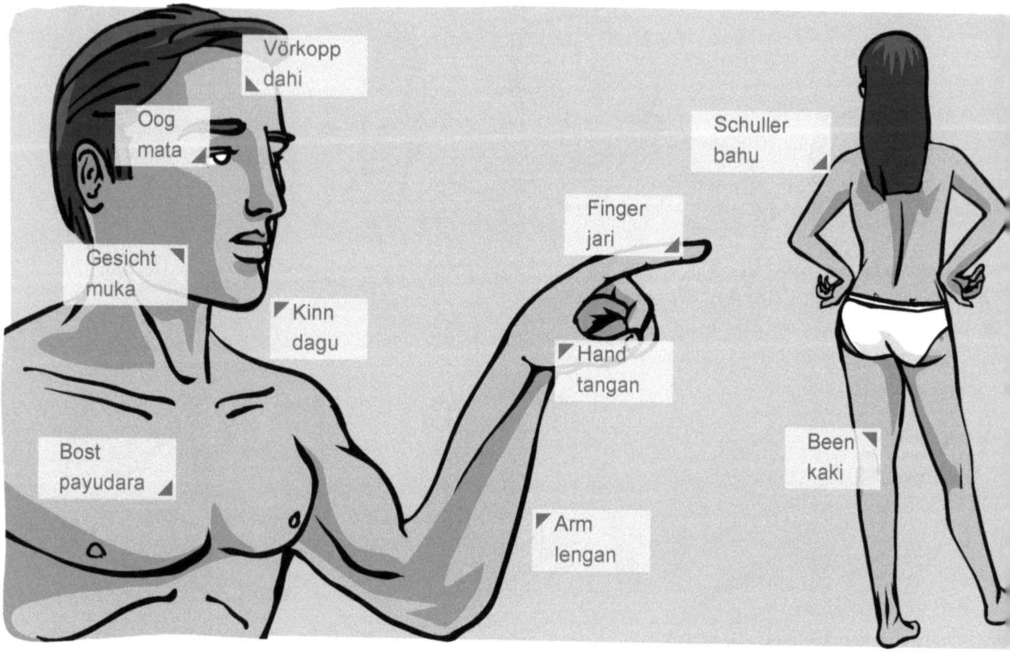

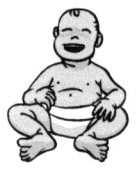

Winnelkind

bayi

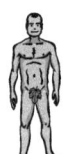

Mann

pria

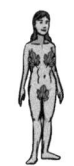

Fro

wanita

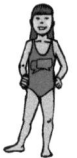

Deern

perempuan

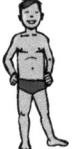

Jung

laki

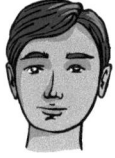

Arm

kepala

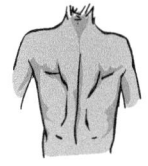

Rüch

punggung

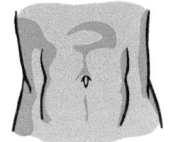

Buuk

perut

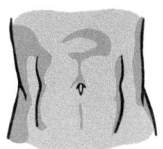

Navel

pusar

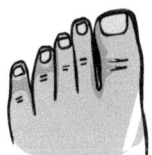

Teh

toe

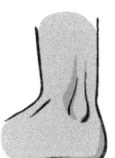

Hack

tumit

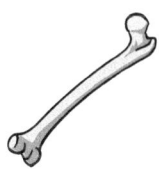

Knaken

tulang

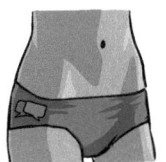

Hüft

pinggang

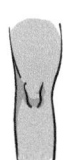

Knee

lutut

Ellbagen

siku

Nees

hidung

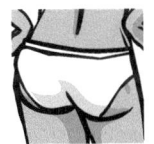

Achtersen

pantat

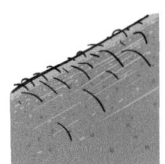

Huut

kulit

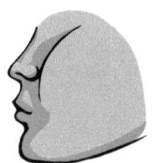

Back

pipi

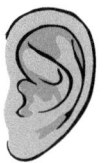

Ohr

telinga

Lipp

bibir

Mund

mulut

Tähn

gigi

Tung

lidah

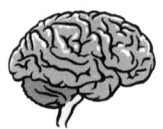

Bregen

otak

Hart

jantung

Muskel

otot

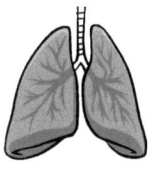

Lung

paru-paru

Lever

hati

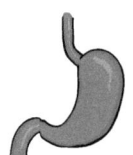

Maag

stomach

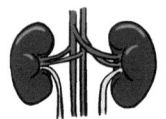

Neren

ginjal

Bislaap

hubungan seks

Kondoom

kondom

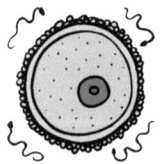

Eizell

sel telur

Sperma

sperma

Anner Ümstänn

kehamilan

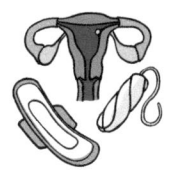

Menstruatschoon
menstruasi

Scheed
vagina

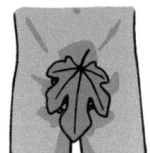

Pint
penis

Ogenbroe
alis

Hoor
rambut

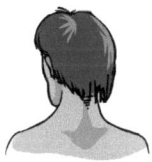

Hals
leher

Krankenhuus

rumah sakit

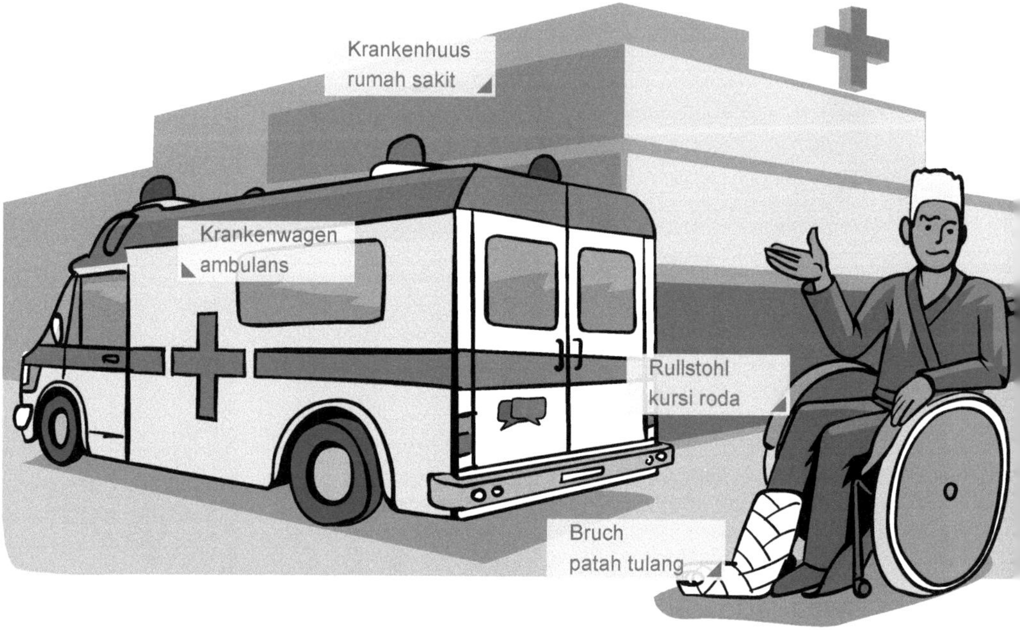

Krankenhuus
rumah sakit
Krankenwagen
ambulans
Rullstohl
kursi roda
Bruch
patah tulang

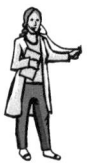

Dokter

dokter

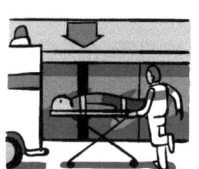

Nootopnahm

ruang darurat

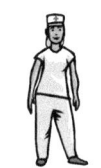

Krankensüster

perawat

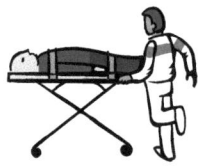

Nootfall

darurat

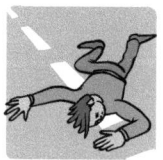

ahnmächtig

semaput

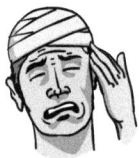

Wehdaag

sakit

Verwunnen

cedera

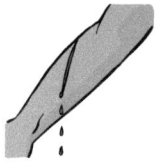

Blöden

perdarahan

Hartinfarkt

serangan jantung

Slaganfall

stroke

Allergie

alergi

Hoosten

batuk

Fever

demam

Gripp

flu

Dörchfall

diare

Koppwehdaag

sakit kepala

Kreeft

kanker

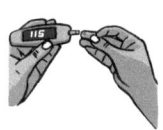

Zuckersuük

diabetes

Chirurg

ahli bedah

Chirurgsch Mess

pisau bedah

Operatschoon

operasi

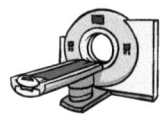

CT
CT

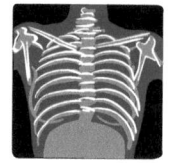

Dörchlüchten
sinar x

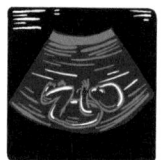

Ultraschall
usg

Mask
topeng

Krankheit
penyakit

Töövruum
ruang tunggu

Krück
penyokong

Plaaster
plester

Verband
perban

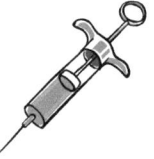

Insprütten
injeksi

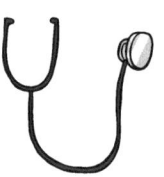

Stethoskop
stetoskop

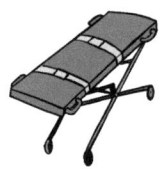

Draag
usungan

Feverthermometer
termometer klinis

Geboort
kelahiran

Övergewicht
kelebihan berat badan

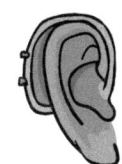

Höörapparat

alat pendengar

Kiemfriemiddel

desinfektan

Ansteken

infeksi

Virus

virus

HIV / AIDS

HIV / AIDS

Heelmiddel

obat

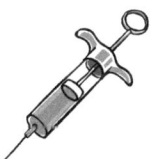

Impen

vaksinasi

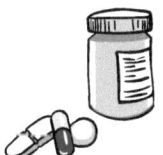

Tabletten

tablet

Pill

pil

Nootroop

panggilan darurat

Blootdruck-Meter

ukur tekanan darah

krank / gesund

sakit / sehat

Hölp!

Tolong!

Alarm

alarm

Överfall

penyerbuan

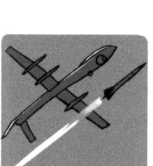

Angreep

serangan

Gefohr

bahaya

Nootutgang

pintu darurat

Füer!

Api!

Füerlöscher

alat pemadam kebakaran

Unfall

kecelakaan

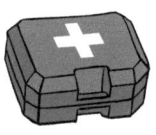

Noothölpkoffer

kit pertolongan pertama

SOS

SOS

Polizei

polisi

Europa

Eropa

Noordamerika

Amerika Utara

Süüdamerika

Amerika Selatan

Afrika

Afrika

Asien

Asia

Australien

Australi

Atlantik

Atlantik

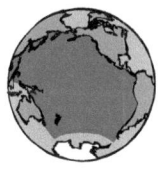

Pazifik

Pasifik

Indisch Weltmeer

Samudra India

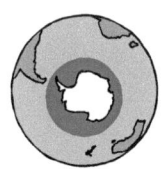

Antarktisch Weltmeer

Samudra Antartika

Arktisch Weltmeer

Samudra Arktik

Noordpol

kutub utara

Süüdpol

kutub selatan

Antarktis

Antarktika

Eerd

bumi

Land

tanah

See

laut

Eiland

pulau

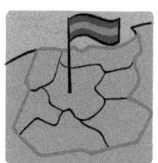

Natschoon

bangsa

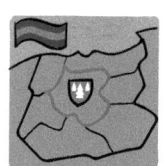

Staat

negara

Tallenblatt

jam wajah

Stunnenwieser

jarum pendek

Minutenwieser

jarum menit

Sekunnenwieser

jarum detik

Wo laat is dat?

Jam berapa?

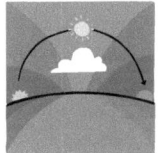

Dag

hari

Tiet

waktu

nu

sekarang

digetaalsch Klock

jam digital

Minuut

menit

Stunn

jam

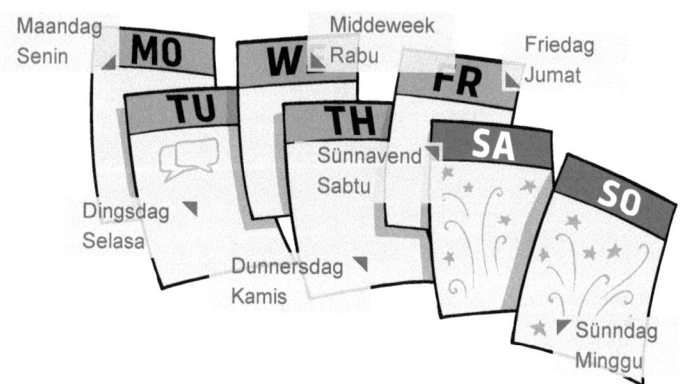

Maandag
Senin

Middeweek
Rabu

Friedag
Jumat

Dingsdag
Selasa

Sünnavend
Sabtu

Dunnersdag
Kamis

Sünndag
Minggu

güstern

kemaren

hüüt

hari ini

morgen

besok

Morgen

pagi

Meddag

siang

Avend

malam

MO	TU	WE	TH	FR	SA	SU
1	2	3	4	5	6	7
8	9	10	11	12	13	14
15	16	17	18	19	20	21
22	23	24	25	26	27	28
29	30	31	1	2	3	4

Arbeitsdaag

hari kerja

MO	TU	WE	TH	FR	SA	SU
1	2	3	4	5	6	7
8	9	10	11	12	13	14
15	16	17	18	19	20	21
22	23	24	25	26	27	28
29	30	31	1	2	3	4

Wekenenn

akhir minggu

Johr
tahun

Regen
hujan
Regenbagen
pelangi
Wind
angin
Snee
salju
Fröhjohr
musim semi
Sommer
musim panas
Harvst
musim gugur
Winter
musim dingin

4.APRIL 11°
5.APRIL 4°
6.APRIL 13°
7.APRIL 8°
8.APRIL 10°

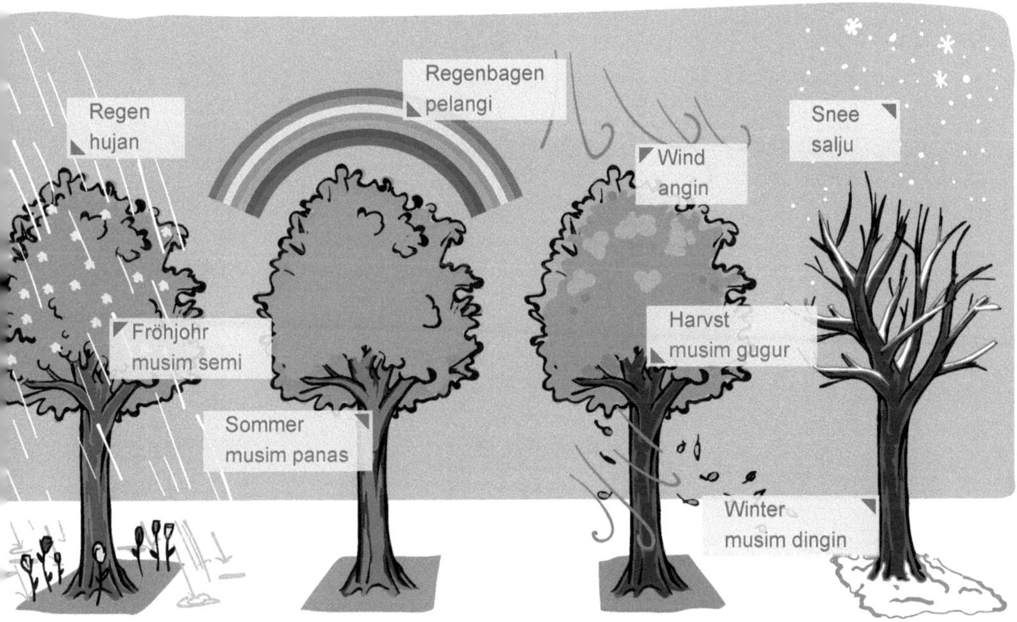

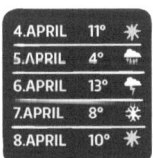

Wedervörhersaag
ramalan cuaca

F C
120 40
90 30
60 20
30 10
0 0
-30 -10
-20

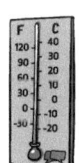

Thermometer
termometer

Sünnenschien
matahari

Wulk
awan

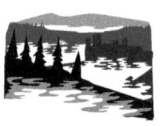

Nevel
kabut

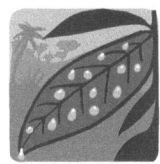

Luftfuchtigkeit
kelembahan

Blitz

kilat

Dunner

guntur

Storm

badai

Hagel

hujan es

Monsun

monsun

Floot

banjir

Ies

es

Januormaand

Januari

Februormaand

Februari

Martmaand

Maret

Aprilmaand

April

Maimaand

Mei

Junimaand

Juni

Julimaand

Juli

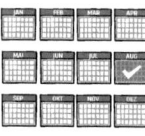

Augustmaand

Agustus

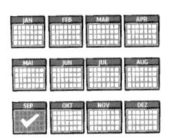

Septembermaand

September

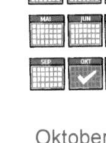

Oktobermaand

Oktober

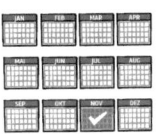

Novembermaand

November

Dezembermaand

Desember

Formen
bentuk

Krink

lingkaran

Quadrat

persegi

Rechteck

persegi panjang

Dreeeck

segi tiga

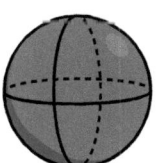

Kugel

bola

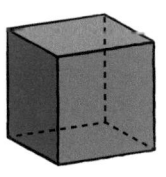

Wörpel

kubus

warna-warna

witt

putih

geel

kuning

orangsch

oranye

pink

pink

root

merah

lila

ungu

blau

biru

gröön

hijau

bruun

coklat

gries

abu-abu

swart

hitam

veel / wenig

banyak / sedikit

böös / verdreeglich

marah / tenang

smuck / mies

cantik / jelek

Begünn / Enn

mulaih / selesai

groot / lütt

besar / kecil

hell / düüster

terang / gelap

Broder / Süster

audara laki-laki / saudara perempuan

schier / schietig

bersih / kotor

kumpleet / nich kumpleet

lengkap / tidak lengkap

Dag / Nacht

hari / malam

doot / lebennig

mati / hidup

breet / small

luas / sempit

geneetbor / nich geneetbor

dapat dimakan / tidak dapat dimakan

böös / fründlich

jahat / baik

fickerig / langwielt

bersemangat / bosan

dick / dünn

gemuk / kurus

toeerst / toletzt

pertama / terakhir

Fründ / Fiend

teman / musuh

vull / leddig

penuh / kosong

hart / week

keras / lembut

swoor / licht

berat / enteng

Smacht / Döst

lapar / haus

krank / gesund

sakit / sehat

nich na't Recht / na't Recht

ilegal / legal

klook / dummerhaftig

cerdas / bodoh

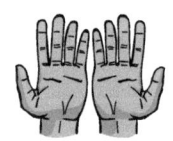

linkerhand / rechterhand

kiri / kanan

neeg / feern

dekat / jauh

nieg / bruukt

baru / bekas

nix / wat

tidak ada apapun / sesuatu

oolt / jung

tua / muda

an / ut

nyala / mati

apen / slaten

buka / tutup

lies / luut

tenang / keras

riek / arm

kaya / miskin

richtig / verkehrt

benar / salah

ruug / glatt

kasar / halus

trurig / glücklich

sedih / gembira

kort / lang

pendek / panjang

suutje / flink

pelan-pelan / cepat

natt / dröög

basah / kering

warm / köhl

hangat / sejuk

Krieg / Freden

perang / damai

0

null

nol

1

een

satu

2

twee

dua

3

dree

tiga

4

veer

empat

5

fief

lima

6

söss

enam

7

söven

tujuh

8

acht

delapan

9

negen

sembilan

10

teihn

sepuluh

11

ölven

sebelas

12

twölf
duabelas

13

dörteihn
tigabelas

14

veerteihn
empatbelas

15

föffteihn
limabelas

16

sössteihn
enambelas

17

söventeihn
tujuhbelas

18

achtteihn
delapanbelas

19

negenteihn
sembilanbelas

20

twintig
duapuluh

100

hunnert
seratus

1.000

dusend
seribu

1.000.000

million
juta

bahasa-bahasa

Engelsch

Inggris

Amerikaansch Engelsch

bahasa Inggris Amerika

Chineesch Mandarin

bahasa Cina Mandarin

Hindi

bahasa Hindi

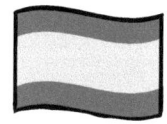

Spaansch

bahasa Spanyol

Franzöösch

bahasa Perancis

Araabsch

bahasa Arab

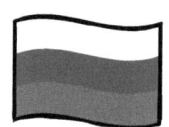

Rusch

bahasa Rusia

Portugiesch

bahasa Portugis

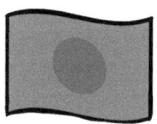

Bengaalsch

bahasa Bengal

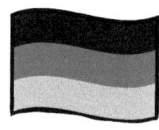

Düütsch

bahasa Jerman

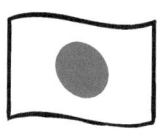

Japaansch

bahasa Jepang

ik
....
saya

du
....
kamu

he / se / dat
....
dia

wi
....
kita

ji
....
kalian

se
....
mereka

keen?
....
siapa?

wat?
....
apa?

woans?
....
begaimana?

woneem?
....
dimana?

wannehr?
....
kapan?

Naam
....
nama

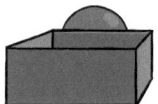

achter

dibelakang

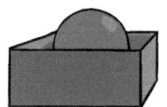

in

di

vör

didepan

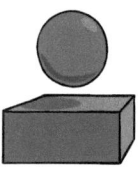

över

diatas

op

diatas

ünner

dibawah

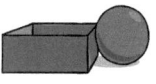

blangen

sebelah

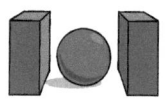

twüschen

di antara

Oort

tempat